Margarethe Seeliger
Die Bildung der Mädchen
als Lebensmaxime

Rosel Ebert

Das Foto auf dem Bucheinband zeigt Margarethe Seeligers Schülerin Klärchen Kretschmann im Jahr 1916. Das Mädchenbild spricht auch für die anderen Schülerinnen im Alter von 14 bis 16 Jahren, die an der Höheren Mädchenschule in Baumschulenweg zu dieser Zeit lernten.

Die den Kapiteln zugefügten Frauenbilder gehören zum Nachlass von Margarethe Ihme und befinden sich jetzt im Besitz der Enkelin Rosel Ebert.

Margarethe Seeliger
(1863 – 1944)

Die Bildung der Mädchen
als Lebensmaxime

*Ein Frauenporträt
skizziert von Rosel Ebert*

INHALT   SEITE

EIN FRAUENPORTRÄT   5

❖ NACHHALTIGE BEGEGNUNG   8

❖ POSENER (LEHR-)JAHRE   14

❖ PRIVATSCHULE TREPTOW   30

❖ STURZ VON DER TREPPE   46

❖ OBERLEHRERIN FRÄULEIN SEELIGER   56

WAS BLEIBT   68

Impressum:
© 2023 Rosel Ebert
Titel/Gestaltung/Typografie: Rosel Ebert
Fotos: Eigentum Rosel Ebert
Herstellung und Verlag: BoD – Books on Demand, Norderstedt
ISBN: 9783739210889

Kontaktdaten:
Ebertrosel@aol.com

EIN FRAUENPORTRÄT

Vor 120 Jahren legte eine Frau, von Beruf Lehrerin, den Grundstein für die höhere Schulbildung der Mädchen in Treptow-Baumschulenweg. Es war ein steiniger Weg, den sie gehen musste, bevor sie in diesem Ortsteil als Vorsteherin einer Privatschule Fuß fassen konnte.

Diese Frau wurde für ihr Engagement und ihre Leistung gelobt und geehrt – solange, bis sich die Gemeindevertreter auf der Grundlage der Preußischen Mädchenschulreform von 1908 dazu entschlossen, mit einem bombastischen Schulneubau in Baumschulenweg den Grundstein für eine Mädchenschule von gymnasialem Charakter zu legen. Die Einweihung dieser Schule erfolgte im Jahr 1913 und für die Lehrerin war nichts mehr so wie zuvor.

Denn nicht ihr, der bisherigen Schulvorsteherin, übertrug man die Leitung. Nein. Der zukünftige Direktor war ein MANN! Noch einmal zum Verständnis: Es geht um keine Knabenschule. Auch nicht um eine, wo Kinder beider Geschlechter lernen. Es geht um nicht mehr und nicht weniger als um eine ÖFFENTLICHE HÖHERE MÄDCHEN-SCHULE. Aber die konnte oder durfte keine Frau leiten.

Für mich ist diese Entscheidung mehr als demütigend, doch sie entspricht den Gepflogenheiten jener Zeit. Mein Inneres schreit nach Gerechtigkeit. Wenigstens im Nachhinein möchte ich dieser Frau, deren Schicksal mich schon seit längerem beschäftigt, in Wort und Bild ein Denkmal setzen. Dabei habe ich mit akribischen Recherchen und Fantasie mein Möglichstes getan.

Leider konnte ich nirgendwo ein Foto von ihr finden. Im Nachlass meiner Großmutter stieß ich auf Fotografien von Frauen, die durchaus in jene Zeit passen. Sicher waren diese Personen meiner Großmutter vertraut. Ich kenne sie nicht und nehme die Aufnahmen sozusagen als „Ersatz". Warum sollte sie nicht einer von ihnen ähnlich gesehen haben?

Ich vertraue der Vorstellungskraft meiner Leserinnen und Leser und bin sicher, dass es ihnen gelingt, Margarethe Seeliger gemeinsam mit mir auf ihrem Lebensweg zu folgen. Doch das Wichtigste sollte niemand aus dem Auge verlieren: Sie war eine Frau, die für die Bildung der Mädchen alles gegeben hat – auch ihr privates Glück. Und ich würde mir wünschen, dass jeder, der sich mit der Geschichte von Treptow-Baumschulenweg beschäftigt, ein kleines Stück dazu beiträgt, das Andenken dieser Lehrerin zu bewahren.

Rosel Ebert

NACHHALTIGE BEGEGNUNG

Jeder Mensch gleicht einem Baum mit Wurzel und Stamm. Darauf aufbauend formt sich unter dem Einfluss der Umwelt die Krone fast wie von selbst. Ein Dasein in logischer Reihenfolge. Die Wurzel als Anfang jeder Lebensgeschichte. Doch bei Margarethe Seeliger und mir waren es nicht die Wurzel und der Stamm, die uns Schritt für Schritt zusammenführten. Meine Begegnung mit ihr, die so nachhaltig wurde, war ganz anderer Art. Sie erwuchs rein zufällig aus den Zeilen eines 16-jährigen Mädchens, geschrieben am 29. Oktober des Jahres 1916:

„Heute schrieb mir Else Jakob, meine ehemalige Schulfreundin, einen sehr lustigen Brief. Gewiß glaubte sie, er würde mir besonders gefallen. – Aber gerade das Gegenteil. Früher haben wir uns sehr gut verstanden und ich glaube jetzt können wir es nicht mehr. Sie ist im Pensionat und vollkommen burschikos und ausgelassen, von der bescheidenen Art einer Jungfrau hat sie nichts zurückbehalten. Es ist wirklich haarsträubend mit welchen unbedarften Redensarten sie ihre ehemaligen Lehrer

und Lehrerinnen, besonders eine alte Dame etwa im 50. Jahre Frl. Seeliger, beleidigt oder mindestens mißachtet. Etwas ʻrüdigʻ wie es im Volksmunde heißt, steht einem jungen Mädchen wohl an, aber diese Art stößt mich ab."

Als Amalie Ebert, oder Malie, wie sie genannt wurde, die Zeilen über die Lehrerin in das Tagebuch eintrug, war Fräulein Seeliger bereits im vierten Jahr ihre Klassenleiterin an der Höheren Mädchenschule in Berlin-Treptow. Sie unterrichtete die Fächer Deutsch, Französisch, Englisch und Religion in den oberen Klassen und war gleichzeitig verantwortlich für die Schülerinnenbibliothek. Malies Interesse für diese Fächer und eine überdurchschnittliche Leseleidenschaft dürften die Beziehung der Lehrerin zu dieser Schülerin positiv beeinflusst haben. Die achtungsvollen Worte, mit denen Amalie sich äußert, lassen darauf schließen, dass es ihr umgekehrt ebenso ging.

Wen wundert es, dass ich eine solche Lehrerin näher kennenlernte wollte. So begann meine Suche nach allem, was ich über sie und ihr Leben in Erfahrung bringen konnte. Meine anfänglichen Befürchtungen, die Nachforschungen werden zu einem ergebnislosen „Fischen im Trüben", erwiesen sich zum Glück als unbegründet. Tatsächlich gelang es mir, das Puzzle aus vielen kleinen Teilchen zusammenzusetzen, auch wenn es da und dort ziemlich nebulös erscheint und meine Fantasie erheblich gefordert wurde. Letztendlich aber fügt sich das, was ich weiß, fast wie von selbst zu einem Bild zusammen. Mehr noch, zu einer Frauenpersönlichkeit, wie sie war oder wie sie hätte gewesen sein können. Ihr Schicksal beeindruckt mich, und damit werde ich nicht die einzige sein.

Ich denke zurück und male mir die Vergangenheit aus. Meine Gedanken kreisen um den Zeitpunkt, als eine Frau mittleren Alters Anfang des 20. Jahrhunderts in einem Berliner Vorort Geschichte schrieb. Sie kam aus der Fremde mit einem riesigen Stück Hoffnung im Gepäck und versetzte die Einwohner von Treptow-Baumschulenweg in helle Aufregung. Man stelle sich vor: Eine unbekannte Frau eröffnet im April 1903 eine Privatschule in ihrem Ort! Diese Frau, die den Namen Margarethe Seeliger trägt, ist mit dem Ziel angereist, den Mädchen eine Bildung angedeihen zu lassen, die weit über das Niveau einer Volksschule hinausreicht.

Margarethe Seeliger. In den Jahren vor 1903 ist in den Adressbüchern von Berlin und den Vororten keine Frau dieses Namens registriert, sodass ihr Aufenthaltsort bis zu jenem Jahr meiner Fantasie überlassen bleibt. Viel Auswahl habe ich nicht. Also entscheide ich mich dafür, dass sie aus Posen kam, wo sie am 08. Juni 1863 geboren wurde. Im Juni, ebenso wie ich. Nur, dass ich 80 Jahre nach ihr das Licht der Welt erblickte.

Die Eltern gaben ihr die Namen Margarethe Gertrud Henriette. Da sie bei ihrem Antritt in Treptow fast 40 Jahre alt war, erlaube ich mir, von einer Frau „mittleren Alters" zu sprechen. Dass ich dabei das Wort „Frau" wähle, und nicht, wie zu damaliger Zeit ihrem Stand entsprechend die Bezeichnung „Fräulein", ist für mich eine Selbstverständlichkeit. Wie wir bei Malie lesen können, hatte sie als Lehrerin auch in den Augen der Schülerinnen den Status eines „Fräuleins". Anders konnte, ja durfte es nicht sein. Die Gesetzeslage verbot Lehrerinnen zu heiraten. Ansonsten mussten sie aus dem Berufsleben ausscheiden.

Was für eine Infamie! Doch Margarethe Seeliger kannte diese Bestimmungen, als sie sich für einen solchen Weg entschied. War es das wert? Die Frage geht mir durch den Kopf, seitdem ich versuche, unerlaubt in ihr Leben einzudringen. Sie bohrt sich in meine Gedanken wie ein Borkenkäfer in den Baum; sie macht sich breit und unbeliebt. Aber ich hoffe sehr, dass sie mit ihrem Leben dagegenhalten kann. Noch bin ich am Anfang...

POSENER (LEHR-)JAHRE

Im zweiten Kapitel wage ich eine Rückschau auf das Leben von Margarethe Seeliger in Posen, wo sie nachweislich geboren wurde. Ich schaue auf eine alte Karte der deutschen „Ostgebiete", bewege meinen Finger ganz langsam über das Blatt und ziehe so einen Kreis um das Gebiet mit der Provinz Posen. Ich lese, was dazu geschrieben steht. Einige Randbemerkungen weisen auf die Bedeutung der seit 1871 zum Deutschen Reich gehörenden Provinz hin, die sich als Teil der östlichen Provinzen des Preußischen Staates zwischen Weichsel und Oder im Gebiet der mittleren Warthe ausbreitete.

Ihre Hauptstadt gleichen Namens konnte sich sehen lassen. Die Wirtschaft befand sich im Aufblühen und auch kulturell hatte die Stadt Posen, die zu den Großstädten zählte, eine Menge zu bieten. Was die Einwohnerzahl betrifft, so nahm sie im Laufe der Jahre rasant zu. Zur Zeit von Margarethes Geburt lag die Zahl der Zivilbevölkerung bei etwa Zweiundfünfzigtausend, wobei etwa zwei Drittel davon deutscher Herkunft waren. Bis zum Jahr 1900 hatten sich die Einwohner schon zugunsten der polnischen Bevölkerung mehr als verdoppelt.

Natürlich interessiere ich mich vor allem für die Menschen, die hier lebten. Sind es nicht die Verbindungen von Menschen, die dem Leben seinen Wert geben? Dass ich besonders neugierig darauf bin zu wissen, in welchem Umfeld Margarethe aufwuchs, liegt auf der Hand. Aus welcher Familie kam sie? Wer und wie waren ihre Eltern? Fragen, die offensichtlich nur schwer zu beantworten sind. Denn genau da wird es mehr als kompliziert.

Ich forsche nach ihrer Familie und suche eine Stecknadel im Heuhaufen. In dem Zeitraum, als sie zur Welt kam, waren die Seeligers in Posen äußerst knapp. Was ich finde sind eine „Näherin" und eine „Wittwe". Die beiden sortiere ich gleich aus. Da gefällt mir der einzige Mann schon viel besser. Carl August Seeliger war „Rentier" und wohnte im V. Revier in der Wallichei 4. Außer ihm waren dort nur ein Bäckermeister mit seinem Gesellen und die unverehelichte, wahrscheinlich polnische, Frau Borianska ansässig. Vielleicht die Haushälterin, was für einen gewissen Wohlstand spricht. Geht man nun davon aus, dass ein „Rentier" eine Person ist, die von ihren Kapitalerträgen lebt, dann dürfte unser Carl August tatsächlich kein armer Mann gewesen sein. Und warum sollte er keine Familie mit Frau und Kind haben? Meldepflichtig waren nur die Familienoberhäupter. So wäre Carl August für Margarethe als Vater durchaus nicht der Schlechteste. Dazu noch eine brave gottesfürchtige Mutter – oder besser, eine deutsche Dame von Stand – und ihrer guten Erziehung nebst gehobener Schulbildung stand nichts im Wege.

Ich gebe zu, ich bin angetan von dem Gedanken, doch das ist vorerst das Einzige, was wir von diesem Mann wissen. Deshalb lasse ich es zunächst dabei und tue jetzt das, worauf es mir im eigentlichen Sinne ankommt: Ich recherchiere, welche Bildungsmöglichkeiten in Posen vorhanden waren und welche Schulabschlüsse Margarethe, gemessen an ihrer späteren Tätigkeit, hier erworben haben könnte.

Da gab es zum einen das öffentliche Schulwesen, das ebenso wie in anderen größeren Städten Preußens erstaunlich gut entwickelt war. Für die Schulbildung existierten zahlreiche

Volks- und Mittelschulen, höhere Mädchenschulen sowie weitere höhere Unterrichtsanstalten, streng nach Geschlechtern getrennt, versteht sich. Eine 10-klassige Realschule, genannt „Realprogymnasium", oder eine gymnasiale Ausbildung, wo sie die mittlere Reife bzw. das Abitur mit Abschlusszeugnis erwerben konnten, blieb den Mädchen in der Regel versagt. Sie durften die im wesentlichen unter privater Trägerschaft stehenden Höheren Mädchenschulen, die keinen Universitätsabschluss ermöglichten, besuchen. Die Wissensvermittlung blieb allerdings auf eine allgemein gehaltene Bildung für Töchter der sogenannten höheren Stände beschränkt. Jungen erhielten eine intellektuelle, auf Berufsleben und Studium ausgerichtete naturwissenschaftliche Bildung, Mädchen, auch an den höheren Schulen, eine neun- oder zehnklassige Ausbildung mit überwiegend „beschaulich-ästhetisierender" Erziehung, wie die Frauenrechtlerinnen der damaligen Zeit kritisch hervorhoben.

Wenn sie Glück hatten, konnten höhere Töchter außer in Bezug auf Nähen, Kochen und Kinderpflege ihre Kenntnisse und ihr Wissen auch auf sprachlichem und musischem Gebiet vertiefen. Religion nicht zu vergessen!

Zweifellos besuchte Margarethe eine höhere Mädchenschule. Anders wäre ihr Weg bis zur Schulleiterin gar nicht denkbar gewesen. Und ob Sie nun Carl August oder einen anderen Vater hatte: Nach meiner Vorstellung wuchs sie in einem gutbürgerlichen Elternhaus auf, das ihr die Chance bot, sich selbstbewusst und frei zu entwickeln. Gottvertrauen gab ihr die Mutter mit auf den Weg, Selbstvertrauen der Vater. Ohne dieses „Rückgrat" hätte sie wohl kaum den Sprung in die Unabhängigkeit gewagt, statt – wie allgemein üblich – auf eine „gute Partie" zu warten. Auf einen Mann, der sie versorgt und an Haus und Kinder bindet. An die Variante, sie würde aus einer armen Familie kommen, wo die Mitgift fehlte, kann und will ich einfach nicht glauben.

Die Tatsache, dass Margarethe Seeliger später Deutsch, Englisch, Französisch und Religion unterrichtete, lässt auf ihre besonderen Interessengebiete schließen. Allerdings standen, wie ich nun weiß, diese Fächer auch im Mittelpunkt der „gediegeneren" Ausbildung für sogenannte „höhere Töchter". So wie sie die deutsche Sprache in den Werken der Dichter und Denker liebte, sich mühelos in Englisch und Französisch auszudrücken vermochte, so hat sie die Religion mit ihren Glaubensgrundsätzen, Sinnbildern und Geboten ebenso von jungen Jahren an begleitet. Die Mehrheit der in Posen lebenden Deutschen gehörte damals dem evangelischen Glauben an, und ganz sicher gingen auch die Eltern mit ihrer Tochter jeden Sonntag in die Kirche.

Ich habe nur wenige Vergleichsmöglichkeiten, wenn ich über ihr Wesen, ihre Leidenschaften und Träume nachdenke. So stelle ich mir vor, sie wäre Amalie Ebert ähnlich. An jenem Bild, das ich auf diese Art von Margarethe gewinne, würde ich gern festhalten:

Das Mädchen Margarethe brachte all das mit, was zu damaliger Zeit von einer höheren Tochter erwartet wurde – Intelligenz und Lernbereitschaft ebenso wie eine umfassende Allgemeinbildung. Es war sittsam und höflich zu jedermann. Und doch: Gehorsam gegenüber den

Eltern zählte zu den Tugenden, mit denen Margarethe im Widerstreit stand. Ihr starker Wille und ihre eigenen Vorstellungen von einer selbständigen Lebensführung sagten vor allem ihrer Mutter keineswegs zu. Margarethes Interesse galt weniger den typisch weiblichen Tätigkeiten wie Nähen, Kochen, Backen. Sie las in jeder freien Minute und widmete sich besonders der Poesie...

War es so? Ich stelle mir vor, dass Margarethe Seeliger, könnte sie das lesen, nun lächelt und mit dem Kopf nickt. Na also! Der Faden lässt sich ganz leicht weiter spinnen:

Zu Margarethes Lieblingsdichtern gehörten Goethe und Schiller ebenso wie Hölderlin und Kleist. Mit Leichtigkeit lernte sie die englische und französische Sprache. Selbst Shakespeare las sie im Original. Er hatte es ihr besonders angetan. Vielleicht veranlasste sie das traurige Ende von „Romeo und Julia", von einer Liebesbeziehung Abstand zu nehmen? Wer weiß? Allerdings: So richtig kann ich nicht daran glauben. Auch meiner Fantasie sind Grenzen gesetzt.

Wie gern würde ich wissen, wie diese Frau zu dem Weltbild Goethes stand, das sich „Hermann und Dorothea" nennt. Jenes Epos lag im Oktober 1797 im Erstdruck vor und kann durchaus auch in ihrer Schulausbildung Orientierung gewesen sein. Später hat sie es selbst als Lehrerin mit den Mädchen besprochen. Welchen Wert hatte so ein Vers für sie wie:

„Dienen lerne bei Zeiten das Weib nach ihrer Bestimmung; denn durch Dienen allein gelangt sie endlich zum Herrschen, zu der verdienten Gewalt, die doch ihr im Hause gehöret..."

Sie persönlich wollte die „verdiente Gewalt" im Hause nicht. Ich glaube daran, dass sie sich mit der Sehnsucht einer Frau nach „Freiheit" identifizierte, die Anette v. Droste-Hülshoff in ihrem 1842 geschriebenen Gedicht „Am Turme" zum Ausdruck bringt:

...
Wär' ich ein Jäger auf freier Flur,
Ein Stück nur von einem Soldaten,
Wär' ich ein Mann doch mindestens nur,
So würde der Himmel mir raten;

Nun muß ich sitzen so fein und klar,
Gleich einem artigen Kinde,
Und darf nur heimlich lösen mein Haar
Und lassen es flattern im Winde!
...

Auch dieses Gedicht hat sie später mit ihren Schülerinnen gelesen.

Schwankten ihre Träume zwischen Liebessehnsucht, die alle jungen Mädchen ergreift, und dem Wunsch nach einer Berufstätigkeit, wo sie sich beweisen konnte? Was beeinflusste ihre Entscheidung maßgeblich und führte letztendlich dazu, dass der zweite Wunsch die Oberhand gewann? Ohne genaue Kenntnis der Lebensumstände werden die Zusammenhänge nur schwer zu ergründen sein. Und trotzdem will ich versuchen, Margarethe Seeliger weiter auf ihrem Weg zu begleiten. Wie wunderbar wäre es, könnte sie ihr Leben selbst erzählen. Doch mir bleibt wiederum nichts anderes übrig, als mich an allgemeine Fakten zu halten, die mir Einblicke in die Möglichkeiten geben, mit deren Hilfe sie sich die Kenntnisse einer Lehrerin aneignen konnte.

Inzwischen weiß ich, dass es für angehende Volksschullehrer bzw. -lehrerinnen im 19. und Anfang des 20. Jahrhunderts die Seminarausbildung gab. Auch hier straff getrennt nach Geschlechtern. Doch das genügte ihr nicht. Sie wollte an einer höheren Schule unterrichten. Männer – und zunächst ausschließlich Männer, die sich auf die Lehrtätigkeit an solchen Schulen vorbereiteten – hatten die Möglichkeit, eine Universität zu besuchen. Die Zulassung zu einer universitären, auf gymnasialem Abschluss basierenden Lehramtsprüfung wurde zu jener Zeit Frauen nur in Ausnahmefällen ermöglicht. Sie mussten die Kenntnisse, die sie zur Ablegung von Prüfungen mit akademischem Hintergrund für Oberlehrerinnen oder Schulvorsteherinnen benötigten, fast ausschließlich im Rahmen von Selbststudien oder auf seminaristischem Wege erwerben. Gegebenheiten, die auch Margarethe Seeliger hinzunehmen hatte – ob sie nun wollte oder nicht.

Wie geht ein weibliches Wesen mit der Tatsache um, von vornherein vom universitären Studium ausgeschlossen zu sein, nur weil es eine Frau ist? Ich vermute, Margarethe Seeliger gehörte nicht zu den revolutionären Frauen, die sich Protestbewegungen anschlossen, um sich ihre Rechte zu erkämpfen. Aus ihrem Lebensweg schließe ich jedoch, dass sie auch nicht klein beigab. Vorerst zumindest nicht. Ich kann nur vermuten, diese Frau hat alle Ausbildungsstufen erklommen, die Sie nutzen konnte – oder besser „durfte". Schritt für Schritt ein Treppchen höher. Mit oder ohne das Geld des Vaters...

An dieser Stelle wenden wir uns wieder Carl August Seeliger zu. Nach fast 20 Jahren macht er erneut auf sich aufmerksam. Man höre und staune:
Ab 1881 wohnte dieser Mann in einem neu erbauten großen Wohn- und Geschäftshaus am Neustädtischen Markt/ Ecke Königsstrasse in der Nummer 6, Etage II, was schon einer gehobenen Klasse entsprach. Dass es sich bei ihm um einen echten Filou handelte, hatte ich schon vermutet. Doch seine „Vielseitigkeit" war kaum zu übertreffen. Bezeichnete Carl August Seeliger sich 1881 noch als „Pferdebahnb." (Betreiber oder Besitzer), so war er zwei Jahre später „Fabrik-Aufseher" und im

Jahr darauf „eh. Landwirth". Was auch immer das bedeuten mag. Leider wissen wir nicht, in welcher Fabrik er seiner Aufsichtspflicht nachkam. Davon gab es eine ganze Reihe – von einer Dampfkesselfabrik über eine Fabrik „orthopädischer Corsets" bis zu einer „Conditorei & Chokoladen-Fabrik", um nur einige zu nennen. Der Vermerk „eh. Landwirth" lässt dann doch vermuten, dass Carl August sich beruflich übernommen hatte und auf „ehemalige Würden" zurückgreifen musste.

Ich merke, dass ich allmählich in Zweifel darüber gerate, ob ich mich wirklich freuen soll, einen solchen „Vater" für Margarethe gefunden zu haben. Denn die Überraschung geht weiter. 1885 – sie ist inzwischen 22 Jahre alt – hatte Carl August Seeliger ein neues Betätigungsfeld für sich entdeckt: „Zeitungs-Berichterstatter"! Die nächsten acht Jahre bezeichnete er sich als „Reporter". Natürlich wüsste ich nur zu gerne, was dieser Mann so geschrieben, oder besser „getrieben", hat, aber das entzieht sich leider meiner Kenntnis. 1884 verschwand er wieder von der Bildfläche. Vielleicht war er dann verstorben und die „Wittwe" Emma Seeliger, die nunmehr kurzzeitig in den Adressbüchern aufgeführt wird, hat ihn als seine Hinterbliebene zwei Jahre überlebt. Wir wissen es nicht. Sollte Margarethe tatsächlich mit Carl August Seeliger verwandt sein, so kann ich mir sehr gut vorstellen, dass sie mit ihrer Bildung während seiner Reporterzeit die Texte für ihn schrieb! – Sollten beide jedoch nichts miteinander zu tun haben, dann konnten wir jenem Mann wenigstens mit dieser kleinen Abschweifung ein „Denkmal" setzen. Gönnen wir es ihm und kehren endlich wieder zu Margarethe zurück.

Irgendwoher musste das Geld kommen, von dem sie sowohl leben als auch ihre Ausbildung bezahlen konnte. Infrage kam dafür zum Beispiel eine Anstellung als Privatlehrerin oder -erzieherin für Kinder der gehobenen Gesellschaftsschichten. Warum nicht? Doch sie wollte mehr, soviel ist sicher.

Margarethe wird ehrgeizig genug gewesen sein, weitere Seminare zu besuchen, um sich auf die „Höhere Lehrerinnenprüfung zum Unterricht an Höheren Mädchenschulen" vorzubereiten. Gemessen an ihren späteren Stellungen sehe ich es als realistisch an, dass sie über die wissenschaftlichen Prüfungen für Höhere Mädchenschulen in den von ihr unterrichteten Fächern hinaus auch die Oberlehrerinnenprüfung ablegte. Margarethe Seeliger wusste nur zu genau, dass es zu ihrer Zeit, um eine Schule zu leiten, ebenso erforderlich war, eine Schulvorsteherinnenprüfung zu bestehen. All das – einschließlich der Aneignung praktischer Erfahrungen im erzieherischen beziehungsweise Schulbereich – hatte sie ganz sicher bereits hinter sich, als sie den Neuanfang wagte.

Und doch stehe ich auch hier wieder vor einem Rätsel:

Ich habe keinerlei Ahnung, wie sie das bewältigen konnte. Wie ich weiß, fanden diese Seminare in der Regel nicht in staatlichen, sondern in selbst zu finanzierenden privaten Institutionen statt. Die Dauer betrug je nach angestrebter Qualifikation drei bis sechs Jahre, zuzüglich eines zweijährigen sogenannten Präparandenkurses als Vorbereitung.

Schlussfolgernd heißt das für mich, dass diejenige, die ein solches Ziel verfolgte, vor allem drei Dinge brauchte: zum Ersten Geld, zum Zweiten einen starken Willen und zum Dritten einen langen Atem! Hatte Margarethe Seeliger das alles? Ich denke, der Werdegang dieser Frau gibt uns darauf die richtige Antwort.

PRIVATSCHULE TREPTOW

Tatsächlich wird mir beim genauen Hinsehen die Mühsal eines solchen Weges bewusst und ich wundere mich schon etwas weniger darüber, dass Margarethe Seeliger sich bereits im vierzigsten Lebensjahr befand, als sie sich um eine Stelle in Treptow als Schulleiterin bzw. Schulvorsteherin bewarb.

Möglich, dass es gerade ihr Alter war, was den Gemeindevorstehern und Anwohnern von Treptow Vertrauen einflößte. Ganz sicher hatte sie auch etwas vorzuweisen. Sozusagen das Fundament für ihr selbstsicheres Auftreten: Zeugnisse, Referenzen und andere wertvolle Dokumente, die sie berechtigten, nicht nur als Lehrerin tätig zu sein, sondern darüber hinaus das Amt einer Schulvorsteherin auszuüben. Daran konnte niemand vorbei, sodass ihr und ihrer Schule alle Wege offen standen…

Genau genommen, bin ich nun mit meinem dritten Kapitel wieder am Anfang. Dort, wo Fräulein Seeliger mir mit Hilfe des Tagebuches von Amalie Ebert „über den Weg lief" und ich neugierig auf sie wurde.

Ich gehe noch einmal an den Beginn meiner Nachforschungen zurück. Wie ich bereits weiß, begann ihre „Laufbahn" als Leiterin einer Privatschule in der Berliner Umlandgemeinde Treptow-Baumschulenweg im April des Jahres 1903. Nachweislich fand die Eröffnung dieser Schule am 05. April statt.

Die Gemeinde Treptow, die erst im Jahr 1920 wie andere Umlandgemeinden an Berlin angeschlossen wurde, ist bereits in jenem Jahr als Vorort in dem Berliner Adressbuch mit detaillierten Angaben zu finden. Ich vermute, die Gemeindevertreter waren stolz darauf, „fast Berliner" zu sein und setzten alles daran, diesem Status gerecht zu werden. Dazu gehörte auch deren Bemühen, gut situierte Bürger mit ihren Familien anzusiedeln. Das brachte der Gemeinde Ansehen und Geld.

Und genau diese Tatsache kam Margarethe Seeliger zugute. Die besser gestellten Bürgerfamilien hatten in der Regel Kinder, die einer gediegenen Schulbildung bedurften. Möglichst wohnortnah, versteht sich. Es bestand nur eine ungenügende Verkehrsanbindung an Berlin.

Der Ausbau des Straßenbahnnetzes erfolgte später. Also galt einer Schule im Ort, die mehr bot, als die einfache Volksschule – zumindest für die jüngeren Kinder – der absolute Vorzug.

Ich denke, die Gemeindevertreter waren klug genug, die gegebenen Möglichkeiten realistisch einzuschätzen. Sie entschieden sich zunächst, eine Vorschule für Jungen und Mädchen als Voraussetzung für den höheren Bildungsgang zu eröffnen. Dass vorerst der Unterricht für Knaben gleichfalls in die Schule von Margarethe Seeliger integriert wurde, entsprach dem Vorschulcharakter in jenen Jahren. Gleichzeitig sollten die Grundlagen für eine weiterführende gediegene Ausbildung von Mädchen geschaffen werden. Allerdings fehlte zu diesem Zeitpunkt dafür das nötige Geld! Das Gemeindesäckle hatte schon Löcher genug.

So musste den Tatsachen klar ins Auge geschaut und eine andere Lösung auf privater Basis gefunden werden. An neue Räumlichkeiten war nicht zu denken. Da es sich zunächst um eine geringe Zahl von Kindern handelte, sollte die Privatschule mit in den Räumen der Volksschule, die sich in Baumschulenweg in der Kiefholzstraße 4/5 befand, untergebracht werden.

Ganz sicher wusste Margarethe Seeliger genau, dass nur allzu häufig Privatschulen dazu genutzt wurden, das staatliche Schulsystem zu ergänzen. Aus finanziellen Gründen ebenso wie aus Gründen einer intensiveren Unterrichtsgestaltung. Sie kannte die Bestimmungen rund um das Schulsystem und war gut gerüstet. Nun wollte sie es sich und anderen beweisen, was sonst?

Und ich meine, es wurde auch Zeit!
Aber selbst wenn sie das Wohlwollen der Verantwortlichen genoss, blieb noch immer die Frage der Finanzierung. Allein das von den Eltern zu zahlende Schulgeld wird kaum ausgereicht haben. Ich hoffe sehr, dass die Gemeinde ihr mit einem Zuschuss zur Seite stand. Und sei es nur in Form einer mietfreien Lehrerwohnung. Während der ganzen Jahre ihres Aufenthaltes in Treptow wohnte Margarethe Seeliger in derselben Straße, in der sich diese Vorschule befand. Zuerst in der Kiefholzstraße 253, später in der Nummer 255.

Ich schaue auf das Eröffnungsdatum der Schule: Es handelte sich um den 05. April 1903 – Palmsonntag. Die Fakten festzuhalten ist ein Leichtes. Allerdings würde ich nur zu gern wissen, wie Margarethe Seeliger die Feier gestaltete und wie ihr an diesem für sie doch sehr bewegendem Tag zu Mute war. Ich glaube an ein wunderbares Einweihungsfest. Palmsonntag an sich stimmt die Menschen schon feierlich, und die Kinder wussten, Ostern mit allen seinen Annehmlichkeiten einschließlich der Ferien stand vor der Tür. Die Vorstellung erscheint mir durchaus passend, dass Mädchen und Jungen aus der Volksschule zur Begrüßung solche Lieder sangen wie „Macht hoch die Tür, die Tor macht weit, es kommt der Herr der Herrlichkeit" oder „Wenn ich ein Vöglein wär, flög ich zu dir…".

Zweifelsohne gab die Schulvorsteherin ihr Bestes, um die Zuversicht der Eltern und die Neugier der Kinder zu wecken. Ich sehe sie stolz in der Mitte stehen und den Kindern liebevoll zulächeln. Die Vorschusslorbeeren der Gemeindevertreter waren ihr gewiss. Nun musste sie ihr Können in der Praxis unter Beweis stellen.

Sicher war es klug, die Schule vor Beginn der Osterferien einzuweihen. Am Donnerstag, dem 16. April, fing das neue Schuljahr an, und somit konnte sofort mit dem Unterricht begonnen werden.

Ein Anfang in aller Bescheidenheit. Neu war eine gemischte unterste Vorschulklasse nach dem Anspruch einer Privatschule, die sich aus 5 Jungen und 7 Mädchen zusammensetzte. Die „gemischte" Klasse deutet schon auf einen modernen Ansatz hin. Die Vorschule entsprach einer aus drei Klassenstufen bestehenden Unterstufe mit einem Eintrittsalter von 6 Jahren, an die sich eine Mittelschule bzw. ein Gymnasium anschlossen. Sie begann mit der Klassenstufe X. Gezählt wurde rückwärts.

Diese Vorschule hob sich deutlich von der allgemeinen Volksschule ab und schuf damit die nötigen Voraussetzungen für eine weitergehende höhere Schulbildung. Zu den Unterrichtsfächern gehörten die sogenannten „technischen Fächer" Schreiben, Zeichnen und Modellieren, Nadelarbeit, Singen, Turnen und die „wissenschaftlichen Fächer" Religion, Deutsch, Rechnen und Mathematik.

Ich vermute, dass Margarethe Seeliger alle Fächer unterrichten konnte, wobei sicher stundenweise zusätzlich auch eine andere Lehrkraft zur Verfügung stand. Dass ein Mann unter ihrer Leitung arbeiten wollte, schließe ich definitiv aus, obwohl den differenzierten Anforderungen einer gemischten Klasse Rechnung getragen werden musste. Um das Unterstellungsverhältnis zu umgehen bestand die Möglichkeit, eine männliche Lehrkraft nebenamtlich für einige Unterrichtsstunden zu beschäftigen. Selbstverständlich wurde erwartet, dass die Ausbildung der Knaben statt auf Nadelarbeit, verstärkt auf Mathematik und Turnen orientiert war.

Margarethe Seeliger widmete sich von nun an den unteren Klassen und das mit großem Erfolg. Die Gemeindevertreter wurden nicht enttäuscht. Sie bescheinigten ihr „ein großes Engagement", sodass bereits 1905, mit Schuljahresbeginn Oktober, an diese gemischte Vorschule die unterste Klasse einer Mädchenschule (VII) angegliedert wurde.

Da das Haus der Volksschule nicht mehr ausreichend Raum hatte, um Unterkunft zu gewähren, musste die Schule verlegt werden. Ab Herbst des Jahres 1905 befand sie sich in der Kiefholzstraße 254, unmittelbar neben der Wohnung der Vorsteherin.

In die Zeit ihrer Tätigkeit als Schulvorsteherin dieser Privatschule fiel ein Ereignis, das selbst Margarethe Seeliger in seinen Einzelheiten und seiner Bedeutung so nicht voraussehen konnte. Es bot ihr zumindest vom Ansatz her ganz unerwartet Entfaltungsmöglichkeiten. Gemeint ist die Preußische Mädchenschulreform von 1908.

PREUSSISCHE MÄDCHENSCHULREFORM. Was steckt nicht alles in diesen Wörtern! Reform – gleichbedeutend mit Neuerung, Umgestaltung, Wandel, Verbesserung. Um Reformen wird in jedem Staat gerungen. Und spätestens dann, wenn sie von den Massen oder deren Vorreitern bzw. Vorreiterinnen eingefordert werden, geraten die Oberen unter Druck. So auch im damaligen Preußischen Staat. Preußen hatte eine besondere Macht- und Vorreiterstellung im Deutschen Reich, basierend auf dem größten Territorium, der mächtigsten Industrie, dem wissenschaftlichen Vorlauf u.a. Mit der Neuordnung des Mädchenschulwesens ging Preußen beispielgebend voran. Allerdings war dieser Prozess gekennzeichnet von einem langen stetigen Ringen zwischen Frauenrechtlerinnen, Lehrerinnen und anderen fortschrittlichen Kräften auf der einen Seite und den Verantwortlichen des Staates auf der anderen. Und mit dem Gesetz auf dem Papier war das, was dort steht, noch lange nicht Realität.

Die Reform, um die es hier geht, ist alles andere als alltäglich. Zum einen war sie verbunden mit dem Wort „Bildung", zum anderen – was noch bemerkenswerter ist – mit dem Wort „Mädchen". Gebildete Menschen sind das Nonplusultra in jeder Gesellschaft, was mit Blick auf die Zeit, um die es hier geht, vor allem bedeutete: gebildete Männer!

Nun also die Mädchen. Selbstverständlich fängt die Bildung der Frauen bei den Mädchen an. Dabei kommt der Wissensvermittlung über die Schule eine maßgebliche Bedeutung zu. Für

Mädchen ebenso wie für Knaben. Der Preußische Staat musste sich dem stellen. Ob er wollte oder nicht. Doch mit welcher Begründung?

Ich schaue mir die überlieferten Dokumente der Zentralblätter für die gesamte Unterrichtsverwaltung in Preußen aus dem Jahr 1908 an und stoße auf einen bemerkenswerten Absatz:

„Die rasche Entwicklung unserer Kultur und die damit gegebene Verschiebung der Gesellschafts-, Erwerbs- und Bildungsverhältnisse der Gegenwart haben es mit sich gebracht, dass gerade in den mittleren und höheren Ständen viele Mädchen unversorgt bleiben und viele für die Gesamtheit wertvolle Frauenkraft brach liegt. Der Überschuß der weiblichen über die männliche Bevölkerung und die zunehmende Ehelosigkeit der Männer in den höheren Ständen zwingen einen großen Prozentsatz der Mädchen gebildeter Kreise zum Verzicht auf ihren natürlichen Beruf als Gattin und Mutter. Ihnen sind die Wege zu einem ihrer Erziehung angemessenen Berufe zu bahnen, bei den meisten auch zwecks Erwerbung

der Mittel zum Lebensunterhalte, nicht allein in der Oberlehrerinnenlaufbahn sondern auch in anderen, auf Universitätsstudien begründeten Lebensstellungen, soweit sie für Frauen in Betracht kommen."

Soll ich das kommentieren? Die selbstverständlichste Tatsache der Welt, Mädchen die gleiche Bildung zukommen zu lassen wie Knaben, weil sie sich von ihrem Geschlecht her weder intellektuell noch in anderer geistiger Hinsicht unterscheiden, wird bei dieser Begründung einfach von den Füßen auf den Kopf gestellt. Was bedeutet: Es geht vor allem darum, solchen Frauen, die gezwungen sind, sich ihren Lebensunterhalt selbst zu verdienen, Wege zu einem ihrer Erziehung angemessenen Beruf zu bahnen…
Armes Preußen, armes Deutschland, arme Frauen!

Weitere hundert Jahre zurück stoße ich sogar auf die Erklärung, Mädchen und Frauen aus besseren Schichten eine geeignete Bildung angedeihen zu lassen, damit die Männer sich nicht mit ihnen langweilen!

Wenden wir uns wieder dem Jahr 1908 und der Mädchenschulreform zu. Für Lehrerinnen bedeutete sie ebenso wie für die Mädchen eine deutliche Verbesserung der Bildungsmöglichkeiten.

Ich gehe davon aus, dass die Neuerungen für Margarethe Seeliger nicht gänzlich überraschend kamen. Immerhin wurde sowohl im „Zentralblatt für die gesamte Unterrichtsverwaltung in Preußen" als auch im „Korrespondenzblatt für den akademisch gebildeten Lehrerstand" darüber informiert. Zumindest das „Zentralblatt" dürfte sie in ihrer Stellung gelesen haben.

Mit den neuen Bestimmungen bekamen die unterschiedlichen Formen der Mädchenbildung eine einheitliche verbindliche Struktur durch 10 aufsteigende Klassen. Besonders bedeutend war die Tatsache, dass die Abschlüsse der Mädchenschulen zur Aufnahme einer weiterführenden Ausbildung in einem dreiklassigen Oberlyzeum oder einem Höheren Lehrerinnenseminar beziehungsweise einer 1- bis 2jährigen Frauenschule mit haus- und volkswirtschaftlichen Schwerpunkten und sogar zum Studium berechtigten.

Geregelt wurde vor allem die Fremdsprachenausbildung. Für die Fächer Mathematik und Naturwissenschaften war immerhin vorgesehen, sie in Angleichung an die Knabenschulen „*zu verstärken*". Allerdings sollte dadurch „*die weibliche Eigenart in keiner Weise benachteiligt werden*". Und weiter: „*Vielmehr werden Religion und Deutsch nach wie vor im Mittelpunkt der Mädchen- und Frauenbildung stehen*".

Diese Formulierung trug dem alten Rollenbild mehr als deutlich Rechnung, wobei die Reform generell zunächst lediglich den Charakter „grundlegender Rahmenbedingungen" besaß. Es liegt auf der Hand, dass selbst die auf dem Papier stehenden Errungenschaften nur schrittweise und unter harten Auseinandersetzungen allgemeine Anerkennung fanden. Ohnehin sollten die Bestimmungen zunächst mehr oder weniger eine Probezeit durchlaufen.

Ich bin mir nicht sicher, ob und inwieweit Margarethe Seeliger versuchte, sich für eine schnelle Umsetzung in ihrer Privatschule stark zu machen. Sie wird sehr wohl gewusst haben, dass die Möglichkeiten, die ihre Schule bot – angefangen von den Räumlichkeiten – dafür kaum geeignet waren. Das sahen auch die Gemeindevertreter von Treptow so. Sie waren bestrebt, die Schulbildung der Mädchen den neuesten Bestimmungen anzupassen, und sowohl von den räumlichen Bedingungen als von Organisation und Inhalt her, auf einem höheren Niveau weiterzuführen. Der Bau eines neuen Schulgebäudes hatte oberste Priorität. Allerdings ging das nicht von heute auf morgen.

Ich möchte daran glauben, dass die Planung eines solchen Vorhabens nicht an Margarethe Seeliger vorbei ging. Ganz sicher waren ihre Erfahrungen von großem Nutzen. Im Jahre 1910 lernten an ihrer Schule bereits rund 200 Schüler und Schülerinnen. Im Herbst 1910 wurde die zweite Klasse eröffnet. Außer ihr als Vorsteherin gab es inzwischen sechs vollbeschäftigte wissenschaftliche Lehrerinnen sowie mehrere Lehrer und Lehrerinnen, die nebenamtlich unterrichteten oder nur teilweise beschäftigt waren.

Am 26. Juni 1910 hatte die Schulaufsichtsbehörde die Genehmigung für den Bau einer neuen Schule auf dem Grundstück Baumschulenstraße

79 – 83 erteilt und es ging in rasantem Tempo vorwärts. Gleichzeitig mussten inhaltliche und personelle Vorbereitungen getroffen werden, wo man durchaus auf die Erfahrungen und die Kompetenz von Margarethe Seeliger bauen konnte. Aber wollten die Gemeindevertreter und die Schulbehörde das auch? Das, was ich in Erfahrung bringen konnte, lässt mich doch daran zweifeln...

STURZ VON DER TREPPE

Zugegebener Maßen bewegt mich jener „Treppensturz", seit ich mich mit dem Einsatz von Margarethe Seeliger für die Mädchenbildung beschäftige und weiß, dass man(n) diese Frau zu Fall brachte. Nicht auf der Treppe vor dem Haus. Nein. Das, was ich meine, ist die Treppe der „Karriereleiter", oder besser: das obere Treppchen der Erfolgsleiter, von dem sie schlagartig gestoßen wurde. Dieser Sturz gleicht nach meinem Empfinden einer Tragödie, die ihr weiteres Leben massiv beeinflusst haben dürfte.
Oder sehe ich zu schwarz?

Was war geschehen? Versetzen wir uns in das Jahr 1911 und lassen zunächst die Fakten sprechen. In jenem Jahr sollte die neue Höhere Mädchenschule eröffnet werden. Zu den ersten gravierenden Veränderungen, mit denen sich Margarethe Seeliger konfrontiert sah, gehörte die Tatsache, dass ihre Lehranstalt den privaten Charakter verlor und von der Gemeinde Treptow als Teil der neuen Schule in öffentlicher Trägerschaft übernommen wurde. Nun wäre das nicht unbedingt von Nachteil gewesen, bot es doch die Möglichkeit, den staatlichen Geldtopf anzuzapfen. Inhaltlich war auch die Privatschule ohnehin der Schulaufsichtsbehörde rechenschaftspflichtig. Warum also sollte Margarethe Seeliger nicht auch eine öffentliche Mädchenschule leiten? Und, wie wir aus dem bisherigen Verlauf entnehmen konnten, hatte sie sich in den vergangenen Jahren in Treptow durchaus einen Namen gemacht.

Trotzdem. Jetzt ging es in der „männerdominanten Welt" um mehr. Um viel mehr. Und die Gemeindevertreter hatten das Sagen! Schauen wir uns die Gemeindeverordneten an: Zu ihnen gehörten immerhin ein Kommerzienrat, drei Fabrikbesitzer, ein Gärtnereibesitzer, ein Krankenkassenbeamter, zwei Kaufmänner, zwei Architekten, ein Geometer, ein Lithograf, ein Rendant, zwei Rentiers und ein Metallarbeiter. Dazu ein ausgewiesener Maschinenbauer, der immerhin Sekretär des Parteivorstandes der SPD war.

Nicht wenige von ihnen hatten Töchter im schulpflichtigen Alter, denen man eine gediegene Bildung angedeihen lassen wollte. Natürlich gehörte dazu nicht nur das neue moderne Schulgebäude. Ebenso wichtig waren die Lehrer und Lehrerinnen. An erster Stelle der Schuldirektor!

Dass es sich dabei um einen Mann handeln musste, war unbestritten. Nicht, dass es nach den Bestimmungen nicht auch eine Frau hätte sein können. Das Gesetz ließ diese Möglichkeit durchaus zu. Allerdings mit einem solchen Unverbindlichkeitscharakter, wie alle Formulierungen, die einen frauenfördernden Charakter trugen. Dagegen probten die Männer den Aufstand. Nicht nur die Treptower. Man stelle sich vor, dass eine Frau die Schule leitet und männliche erstklassig ausgebildete Oberlehrer ihr unterstellt sind! Undenkbar.

Womit wir bei dem Hauptthema des Geschlechterkampfes angekommen wären: Die Frau Direktorin! Allein die Tatsache, dass die Bestimmungen eine solche Möglichkeit zuließen, rief die konservativen Männer auf den Plan. Wie konnte eine Regierung es überhaupt nur in Erwägung ziehen, dass Männer unter weiblicher Leitung arbeiten sollten? Wie konnten die Abgeordneten auf den Gedanken kommen, dass Frauen in der Lage sind, solche Aufgaben zu bewältigen? Usw. usw. Angriff folgte auf Angriff. Eine Seite versuchte die andere zu schlagen. Die männlichen Standesgenossen setzten eine Petition an das Abgeordnetenhaus in Umlauf, in welcher darum gebeten wird, dahin zu wirken, dass die verfügte Gleichstellung von Frauen und deren Berechtigung zur Leitung erneut zur Beratung gestellt und aufgehoben werden. Die Rede ist von 20 000 in Preußen tätigen Leitern und Lehrern von Mädchenschulen, die die Petition unterzeichneten.

Wen wundert es, dass die Frauen unter Wortführung von Dr. Gertrud Bäumer massiv dagegenhielten? Ihre Gegenargumentation bezieht sich vor allem auf folgende in der Petition enthaltenen Formulierungen:

„Zweifellos sind die Geschäfte der Leitung derart, daß sie dem Manne besser liegen und von ihm mit größerem Erfolge erledigt werden können. Man denke nur an die vielseitigen Aufgaben und Pflichten in verwaltungstechnischer Hinsicht, an die vielen Fragen, die oft rasch und rein verstandesmäßig, dazu mit Energie entschieden werden müssen." Und weiter:

„Konflikte im Lehrerkollegium sind umso mehr zu befürchten, als die Bestimmungen es zulassen, Männer gegen ihren Willen einer weiblichen

Vorgesetzten zu unterstellen. Diese Möglichkeit erscheint als eine unerträgliche Härte, wenn man bedenkt, daß die amtliche Unterstellung eines Mannes unter eine unverheiratete Frau nach der Auffassung weitester Kreise dem Volksempfinden widerspricht und geeignet ist, den davon betroffenen Mann in der öffentlichen Meinung herabzusetzen."

Die Erklärung der Frauenorganisationen zu dieser Petition bringt es auf den Punkt. Sie geht davon aus, dass hier ganz allgemein gegen die Gleichstellung von Männern und Frauen hinsichtlich der Leitung protestiert wird unter Hinweis einerseits auf die Inferiorität der Frau in einigen für die Leitung notwendigen geistigen Fähigkeiten und andererseits auf ihre geringe soziale Einschätzung durch die Volksmeinung.

Wer nun daran interessiert ist, die Reaktion des Abgeordnetenhauses auf diese Petition zu erfahren, der kann unter „Mitteilungen und Nachrichten" im Korrespondenzblatt Band 19 Heft 15 aus dem Jahre 1911 in aller Ruhe die Entscheidung nachlesen. Beeindruckend ist allemal, dass der Empfehlung der Unterrichtskommission des Abgeordnetenhauses gefolgt wurde *„über die Petition zur Tagesordnung überzugehen."* Offen bleibt allerdings die Frage, ob die Abgeordneten davon ausgegangen waren, dass sich das Thema vor Ort von selbst regelt. Denn tatsächlich blieb die Zahl der Direktorinnen, die die Stadt- oder Gemeindeverordneten für die Leitung ihrer Lyzeen auserkoren, verschwindend gering. Man(n) entschied sich für Mann. Dass den Verantwortlichen für die Besetzung der Schulleiterstellen eine solche Entscheidung auch die Suche nach akademisch gebildeten Oberlehrern erleichterte, liegt auf der Hand.

Wenden wir uns wieder der Treptower Höheren Mädchenschule und Margarethe Seeliger zu. Soviel steht fest: Ihre Erfahrungen und ihr Einsatz für die Mädchenbildung in Treptow konnten nicht übersehen werden. Aber für die Leitung der neuen Schule kam sie nun unter dem Blickwinkel der Männer wirklich nicht infrage. Und ich gehe davon aus, dass das die Männer in der Schulbehörde nicht anders sahen.

Ja, die Treptower wollten hoch hinaus. Ihre neue Schule war dabei ein Meilenstein. Ein wichtiger. Ein sehr wichtiger. Gleich nach der Ankündigung im Korrespondenzblatt, dass die Gemeindevertreter in Treptow am 28. März der Übernahme der privaten höheren Mädchenschule als Gemeindeanstalt zum 1. Oktober des Jahres 1911 zugestimmt haben, begann die Suche nach einem Oberlehrer mit der Aussicht auf die Schulleiterstelle. Und man muss sagen, dass die Anforderungen, die der Gemeindevorstand in dieser Anzeige formulierte, nicht gerade gering waren.

Spätestens jetzt musste auch Margarethe Seeliger klar sein, wer das Rennen verlieren würde. Die Gemeindevertreter hätten nach Gesetzeslage, wie bereits erwähnt, auch anders entscheiden können. Sie taten es nicht. Mag sein, dass die Gründe dafür nicht allein in dem von den Männern propagierten Vorzug einer männlichen Leitung lagen. Mag sein, dass Margarethe Seeliger – inzwischen 48 Jahre alt – einfach durch einen jüngeren Kandidaten mit universitärer Lehramtsprüfung ersetzt werden sollte.

Was es auch immer war:

Dass Fräulein Seeliger eine Schule leiten konnte, die den gestellten Anforderungen gerecht wurde, gab der Bürgermeister während der Eröffnungsfeier am 11. Oktober unmissverständlich zu. Im „Treptower Anzeiger" heißt es:

„Herr Bürgermeister Schablow ...ergriff sodann das Wort, um Fräulein Seeliger und Herrn Lehrer Poeche für ihre aufopfernde Arbeit für diese Schule zu danken. Er hob hervor, dass die Anstalt vor acht Jahren, am 1. April 1903 mit 23 Schülern eröffnet worden sei und sich seitdem unter steter Sympathie der Bürgerschaft und der Hilfe der Gemeindevertretung unter bewährter Leitung nach dem Lehrplan einer höheren Töchterschule neuesten Stils zu einem Schulwesen von etwa 200 Schülern und Schülerinnen entwickelt habe."

Anerkennende Worte, die einer Erwiderung und ebensolcher Danksagung für die Unterstützung bedurften. Dem wurde auch umgehend Rechnung getragen. Doch das Wort ergriff nicht die anwesende Margarethe Seeliger, sondern der bereits vorher erwähnte Lehrer Poeche. In welcher Eigenschaft er die Schule vertrat, bleibt im Unklaren.

Was allerdings für mich klar auf der Hand zu liegen scheint ist der Umstand, dass Fräulein Seeliger sich in irgendeiner Weise „abserviert" vorgekommen sein muss. Vielleicht auch ein wenig gedemütigt durch die Tatsache, dass ihr ein auswärtiger junger „Spund" vor die Nase gesetzt wird. Wie und wofür sollte sie sich nun öffentlich bedanken? Kaum eine Frau in ihrer Lage hätte das getan. Früher nicht und heute ebenso wenig. Doch vermutlich hatten die Männer eine öffentliche Rede dieser Schulleiterin auch gar nicht in Erwägung gezogen.

Mag Margarethe Seeliger die Übernahme ihrer Lehranstalt durch die Gemeinde Treptow als öffentliche Schule noch verkraftet haben, doch die Delegierung in die zweite Reihe, befördert durch die ihr bisher so wohlgesonnenen Gemeindevertreter, dürfte ihrem Selbstwertgefühl kaum gut getan haben.

OBERLEHRERIN FRÄULEIN SEELIGER

Margarethe Seeliger wurde damit „entschädigt", dass man ihr die vorerst neben dem Schulleiter noch vorhandene einzige Oberlehrerstelle zur Verfügung stellte.

Ich will nicht ungerecht sein. Die Vergabe einer Oberlehrerstelle an eine Frau, die nach Gesetzeslage kein Gymnasium besuchen konnte, war zu jener Zeit durchaus nicht selbstverständlich. Margarethe Seeliger wusste das auch. Sicher waren die Verantwortlichen, die auf deren Kenntnisse und Fähigkeiten keineswegs verzichten wollten, mit einer solchen Lösung durchaus zufrieden. Und Margarethe Seeliger fügte sich. Hatte sie eine Wahl? Wohl kaum.

Der neue Direktor war bei Amtsantritt 31 Jahre jung. Er hatte außer den eindeutigen Vorzügen der Jugend und des männlichen Geschlechts Bildungsabschlüsse zu bieten, mit denen nicht nur er, sondern auch die Gemeinde glänzen konnte. Laut Anzeige suchte der Gemeindevorstand vorrangig einen Neuphilologen mit der Unterrichtsbefähigung vor allem in Deutsch und Geschichte. Paul Franz Burkhardt hatte nicht nur die Lehramtsprüfungen in Deutsch und Englisch für die erste und in Religion für die zweite Stufe absolviert. Nein. Er besaß seit dem Jahr 1905 auch einen redlich erworbenen Titel als „Dr. phil". Das Thema seiner in Berlin veröffentlichten Dissertation lautete: „Untersuchungen zu den griechischen und lateinisch-romanischen Lehnwörtern in der altniederdeutschen Sprache".

Soweit so gut. Anspruchsvoller ging es wohl kaum. Es liegt auf der Hand, dass Margarethe Seeliger ein solches Spezialwissen nicht vorzuweisen hatte. Allerdings erlaube ich mir die Frage, worin der Vorzug solcher Kenntnisse für eine Mädchenschule liegen könnte, und ob nicht die Praxiserfahrungen einer Schulleiterin als mindestens gleichwertig zu betrachten wären.

An dieser Stelle scheint es mir angebracht, die Entwicklung dieser Schule bis zum „Lyzeum zu Berlin-Treptow" in den ersten Jahren etwas genauer zu skizzieren. Die öffentliche Mädchenschule wurde zunächst als „gehobene (höhere) Mädchenschule", dann als „Lyzeum i.E." geführt, bis sie sich ab Ostern 1914 offiziell „Lyzeum" nennen durfte. Zu jener Zeit war die Klassenstruktur mit Einrichtung der I. Klassenstufe vollständig ausgebildet. Auch die Ausgliederung der Knabenabteilung der Vorschule und deren Verlegung ins Realprogymnasium i.E. waren zu Beginn des Schuljahres 1914/15 (Ostern) vollzogen.

Bleibt noch die Zusammensetzung des Lehrerkollegiums. Mit Beginn des Schuljahres 1914 ergab sich folgendes Bild:

Die Schule verfügte über 14 Lehrkräfte – davon 3 Männer mit akademischem Abschluss in Oberlehrerstellung (einschließlich des Rektors) und ein ausgewiesener Gesanglehrer, der – offiziell zu den technischen Lehrkräften gehörig – ebenfalls eine akademische Ausbildung besaß. Dazu 10 Frauen, von denen eine als Oberlehrerin den akademisch gebildeten Lehrkräften zugerechnet werden muss. Hierbei handelt es sich um Margarethe Seeliger. Alle Lehrerinnen verfügten über das wissenschaftliche Examen für höhere Mädchenschulen. Von den männlichen Lehrkräften hatte der Direktor seine Stelle seit Oktober 1911 inne. Bis zur endgültigen Bestätigung der Schule als Lyzeum wurde er von offizieller Stelle als „Oberlehrer auftragsweise" geführt. Er unterrichtete in der Mittelstufe Geschichte, in der Oberstufe Englisch und Deutsch. Der Unterricht von Margarethe Seeliger als einziger Oberlehrerin umfasste überwiegend in der Oberstufe die Fächer Deutsch, Französisch, Englisch und Religion.

Mich beschäftigt die Frage, wie und mit welchen Inhalten Margarethe Seeliger den Deutschunterricht gestaltete oder besser gesagt, gestalten konnte. Bei meinen Recherchen stoße ich dabei auf die zu jener Zeit gültigen Lehrbücher für dieses Fach in den 3 obersten Klassenstufen. Auf der Grundlage der Bestimmungen der Preußischen Mädchenschulreform wurden die Lehrbücher der höheren Klassen für das Fach Deutsch zwischen 1908 und Frühjahr 1914 mehrfach überarbeitet.

Das eine Buch enthält die unterschiedlichsten Gedichte: vom alten „Helden- und Minnesang", über „Das deutsche Volkslied", „Das große Jahrhundert der deutschen Dichtung", „Die Romantiker" bis zu dem Kapitel „Das junge Deutschland und die poetische Dichtung" bzw. „Die neueste Dichtung", um nur einige zu nennen. Ein Buch mit 291 Seiten. Für Deutschlehrer und interessierte Schülerinnen eine Fundgrube! Auf einzelne Gedichte, die im Unterricht von Margarethe Seeliger eine Rolle spielten, habe ich schon hingewiesen.

Ich lese das Vorwort der vier Herausgeber, unter denen sich auch eine Frau befindet, und bleibe an dem letzten Satz hängen:

„Am meisten wird es vielleicht befremden, daß in einem Lesebuch für Mädchen die moderne Frauenlyrik so wenig zur Geltung gekommen ist; allein es ist schwer, außer Ricarda Huch unter den Dichterinnen unserer Tage eine zu finden, die sich neben Annette von Droste-Hülshoff behaupten kann."

Die Mitherausgeberin ist Maria von Bredow, Oberlehrerin an der Auguste-Viktoriaschule in Charlottenburg. Offen bleibt die Frage, welchen Einfluss diese Frau auf die Auswahl der Texte hatte und ob sie diese Einschätzung teilte. Ich würde zu gern wissen, was Margarethe Seeliger den Mädchen von ihr erzählt hat, denn Amalie schreibt, dass sie sich die Frau von Bredow zum Vorbild nehmen möchte. Wenn das kein Erfolg ist!

Das zweite Buch mit Prosatexten und einem Umfang von 326 Seiten umfasst Kultur-, Literatur- und Sprachgeschichte sowie Volks- und Naturkunde. Das letzte Kapitel zielt voll und ganz auf die Wertevermittlung für Mädchen, u.a. „Wie das Volk den Fleiß wertet", „Bismarks Brautwerbung" oder „Die Hausfrau und die künstlerische Einrichtung des Heims", speziell „Unsere Möbel, Veranda, Balkon, Erker".

Folgen wir für einen Moment dem Unterricht von Margarethe Seeliger. Uns interessiert, was die Lehrerin den 16jährigen Mädchen, die kurz vor dem Schulabschluss stehen, an Orientierungen für ihr weiteres Leben mit auf den Weg geben will. Dass sie besonderen Wert auf die patriotische Erziehung legte, hat der Direktor bereits in einem der Schulberichte vor längerer Zeit erwähnt:

Da heißt es:

„Am 10. März 1913 wurde eine Erinnerungsfeier an die große Erhebung des Volkes vor 100 Jahren abgehalten. Fräulein Seeliger suchte, aus jener Zeit schöpfend, den Kindern Lebenswerte zu geben, und wies sie ganz besonders auf die Königin Luise als die beste Lehrerin eines preußischen und deutschen Mädchens hin."

Bei dem heutigen Thema geht es nicht vordergründig um die Vorbildrolle der Königin, sondern schlicht und ergreifend um all das praktische, was dem Geist einer bürgerlichen Hausfrau entspricht. Ein kurzer Blick in das Lehrbuch und wir verstehen sofort, worauf es ankommt. Hier heißt es:

„Vom Bedürfnis muss ausgegangen werden, das kann nicht oft genug betont werden. Aber welche Bedürfnisse liegen im deutschen Bürgerhaus vor?... E i n Bedürfnis geht schon jetzt durchs ganze Reich, das ist das der Hausfrau.... Die junge Frau in Deutschland ist unter der Herrschaft des Atelierstils aufgewachsen. Da ist es natürlich, daß ihr Geschmack sich leicht einem Gegensatz zuneigt. Die Überfülle und Überladung, Bombast, leerer Prunk und billiger Putz üben keinen Reiz

auf ihre Empfindung. Sie mag nichts besitzen, das keinem praktischen Zweck dient, sie haßt die bloße Dekoration, sie freut sich an Ruhe und vornehmer Schlichtheit. Teller an der Wand, Gefäße auf hohem Bort, überflüssige Vorhänge und Draperien, billige Schnitzereien sind ihr zuwider."...usw. usw. usw.

Ausführlich ge- und beschrieben von Alfred Lichwark, Professor und Direktor der Kunsthalle in Hamburg. Woher er diese Weisheit nimmt, ist schwer zu sagen. Ebenso, was Margarethe Seeliger mit einer solchen Orientierung anfängt. Sie ist aber immerhin eine Frau, wenn auch keine, die das Haus hütet. Sie hat eine eigene Wohnung, allerdings ohne Herren- und Kinderzimmer. Trotzdem kann ich mir nicht vorstellen, dass allein die Zweckmäßigkeit ihren Lebensstil bestimmt. Und ich hoffe sehr, dass diese Lehrerin den jungen Mädchen in ihrer Fantasie freien Raum lässt. Das schließt auch die Vorstellungen von Ehe und Familie ein. Ein solches Thema war offensichtlich ganz und gar nicht als Lehrstoff geeignet. Und was hätte Margarethe Seeliger ihren Schülerinnen auch in dieser Hinsicht sagen können? Immerhin entschieden sich die

Herausgeber des Lehrbuches dazu, unter der Überschrift „Bismarks Brautwerbung" einen langen Brief einzustellen, dessen Anliegen bereits im ersten Satz deutlich wird:

„Verehrtester Herr von Puttkamer, ich beginne dieses Schreiben damit, daß ich Ihnen von vornherein seinen Inhalt bezeichne; es ist eine Bitte um das Höchste, was Sie auf dieser Welt zu vergeben haben, um die Hand ihrer Fräulein Tochter."

Wie wohlerzogen! Nur frage ich mich, was die pubertierenden Mädchen damit anfangen sollen.
Zügeln wir unsere Fantasie und kehren noch einmal zum Jahr 1914 zurück. Im Hinblick auf die Ausbildung der höheren Töchter in Berlin-Treptow kann mit gutem Gewissen gesagt werden, dass die Gemeinde endlich ihr Ziel erreicht hatte. Seit der ersten Antragstellung und den Projektierungsarbeiten waren vier Jahre vergangen. Jetzt konnte man die Früchte ernten. Doch die Freude über das Erreichte wurde nur allzu schnell getrübt. Vor Beginn des Herbsthalbjahres 1914 brach der Erste Weltkrieg aus,

der mit der Einberufung einzelner Lehrer und einer den Schulalltag bestimmenden Kriegseuphorie diese Schule ebenso wie alle anderen vor die Aufgabe stellte, die Unterrichtsgestaltung, den Einsatz der verbliebenen Lehrkräfte und die patriotische Erziehung der Mädchen neu zu organisieren. Als einziger Mann blieb der Direktor durchgehend im Amt.

Und Margarethe Seeliger? Im Bericht des Direktors für das Schuljahr 1913/14 ist mehrfach die Rede davon, dass Fräulein Seeliger durch Krankheit ausfiel. So sah sie sich genötigt, von Herbst bis Weihnachten 1913 zur Kräftigung ihrer angegriffenen Gesundheit Urlaub zu nehmen und war außerdem durch einen Unfall gezwungen, im März 1914 der Schule auf zwei Wochen fern zu bleiben.

Im Bericht des Folgejahres – leider der letzte, den ich finden konnte – wird Margarethe Seeliger vom Direktor in keiner Weise erwähnt. Und das, obwohl er hier sehr detailliert über die Einbrüche in den Schulalltag mit Beginn des Krieges berichtet. Die ins Feld eingezogenen Lehrer mussten ersetzt werden. Es kam zu Umstrukturierungen in den Klassenzusammensetzungen, Überstunden der Lehrerinnen, veränderten Lehrplänen auch in den Fächern Deutsch und Religion usw.

Einen eindrucksvollen Beleg der Empathie von Margarethe Seeliger finden wir in den Tagebuchaufzeichnungen von Amalie mit Datum *12. Februar 1917.* Die Familie Ebert hatte die Nachricht von der schweren Verwundung eines Sohnes erhalten, was auch Malie zutiefst getroffen hat. Sie war kaum in der Lage dem Unterricht zu folgen, obwohl sie an diesem Tag noch nicht wusste, dass der Bruder Heinrich und kurz darauf auch der Bruder Georg sterben werden. Malie schreibt:

„Als ich heute morgen zur Schule komme fragen alle, wie es meinem Bruder geht und Charlotte Jentzmann ...fragte wie es mir geht. Dann drückte sie mir die Hand. Ich ging nicht mit zur Andacht sondern blieb in der Klasse. Da scholl der Gesang zu mir herüber. Sie sangen `Ach bleib mit Deiner Gnade´. Ich sang im stillen mit, und es tat mir wohl. Mir traten die Tränen in die Augen aber ich bezwang mich. Da trat Fräulein Seeliger

ins Zimmer. Sie fragte mich nach meinem Bruder. Als sie aber sah, daß ich geweint hatte, traten ihr die Tränen in die Augen. Sie tröstete mich, und als die Mädchen in die Klasse kamen, wandte sie sich um. Natürlich musste ich wieder weinen...".

Eine solche emotionale Zuwendung und das tiefe Mitgefühl sprechen für sich. Ich nehme es als Bestätigung dafür, dass Margarethe Seeliger ihrer Rolle als Oberlehrerin und Klassenleiterin auch oder gerade in den Kriegsjahren gerecht wurde.

WAS BLEIBT

Sehen wir uns noch einmal die geschriebenen Seiten an, so merken wir sehr schnell, dass das, was von dieser Frau bleibt, nicht gerade viel ist. Was wissen wir noch von ihr?

Margarete Seeliger lehrte am Treptower Lyzeum bis zum Jahre 1919. Danach trat sie in den Ruhestand und zog – inzwischen 56jährig – nach Wehlen in die Sächsische Schweiz. Was sie zur Aufgabe ihrer Tätigkeit bewog und welcher

Weg sie an diesen Ort führte, konnte ich nicht in Erfahrung bringen. Sie starb unverheiratet am 22. Mai 1944 in der Stadt Wehlen, wo sie bis zum Schluss in der Mennickestraße 32 ihr Zuhause hatte. Eine eindrucksvolle Frau, der wir Respekt schulden.

Rückblickend denke ich, dass die Jahre zwischen 1903 und 1911, in denen Margarethe Seeliger besondere Anerkennung und für ihre Schule alle erdenkliche Unterstützung bekam, die besten in ihrem Leben waren. Ich kann mir nicht vorstellen, dass es jemals wieder für sie eine vollkommenere Zeit gab. Sie hatte auf Ehe und eigene Kinder verzichtet, um sich ganz der von ihr gewählten Aufgabe zu stellen, und es hatte sich gelohnt. Außer dieser persönlichen Befriedigung, die sie in ihrer Tätigkeit als Lehrerin fand, konnte sie, wie bereits geschrieben, die Preußische Mädchenschulreform von 1908 miterleben und war unmittelbar an ihrer Umsetzung in der Gemeinde Treptow-Baumschulenweg beteiligt. Ja, wenn man ehrlich ist, muss man sagen, dass sie dafür in diesem Ort den Grundstein legte. So geht Margarethe Seeliger mit ihrem Einsatz für die höhere Schulbildung der Mädchen ein in die Geschichte von Treptow-Baumschulenweg. Mehr konnte ich nicht tun. Doch ich glaube nicht, dass ihr irgendeiner diesen Platz streitig machen will.

Was bleibt, ist auch die achtungsvolle Erwähnung dieser Frau in dem bereits mehrfach zitierten Dokument, das mir im Jahr 1990 zufällig in die Hände fiel und von dem mir in Abschrift Auszüge zur Verfügung stehen. Es gehörte dem bei Hamburg ansässigen Cousin meines Mannes und betraf das Jugendtagebuch seiner Mutter Amalie Ebert, der Tochter des ersten Reichspräsidenten der Weimarer Republik Friedrich Ebert. Der Vater meines Mannes war ihr Bruder. Die Schulzeit der Amalie Ebert weckte das besondere Interesse von meinem Mann und mir und führte zu umfangreichen Forschungsarbeiten. Die Ergebnisse wurden von uns im trafo-Verlag Berlin in dem Buch „Amalie Ebert – SCHULZEIT 1911 - 1917 in Berlin Treptow" als Beitrag zur Geschichte der Höheren Mädchenbildung im Kaiserreich veröffentlicht. Das jetzt vorliegende Buch betrachte ich als Ergänzung, um der Lehrerin Margarethe Seeliger besser gerecht zu werden.

Nicht zuletzt ist der Lebensweg der Margarethe Seeliger auch ein Beitrag zur Geschichte der Frauenemanzipation. Zum Glück sind wir in dieser Hinsicht ein gutes Stück weitergekommen. Denn natürlich wollen die Frauen ebenso wie die Männer auf allen Gebieten des Lebens mitmischen, ihre Kenntnisse und Fähigkeiten unter Beweis stellen. Gerne auch gemeinsam mit den Vertretern des anderen Geschlechts. Warum nicht? Man(n) muss sie nur lassen!

Womit wir wieder am Anfang wären…